AF189368

Frank Zacharias

Herstellung und Verlag:
BoD – Books on Demand, Norderstedt
ISBN: 978-3-7494-6951-2

Früher, gingen wir wo anders hin!

Die Themen

C   Abgang

<u>Vorgeschichtliches</u>

Vor unserer Zeit, na sagen
wir mal so, die Wäsche
wurde noch zum Fluss
getragen um sie auf Steine
zu klopfen, auch zu dieser
Zeit verspürten wir den
Drang um uns körperlich zu
erfrischen.
Das Verlangen wurde Größer
um so heißer es wurde,
dann wenn der eigene und
fremde Körpergeruch nicht
mehr auszuhalten war,
sprangen wir in den Fluss.
Erfrischend und
Waschvorgang in einem,

welches auch von Vorteil
gewesen ist, da die Wäsche
sauber wurde und sie nicht
mühselig auf den Stein zu
klopfen war, das der

Körper sauber wurde
versteht sich von selbst.

Heute gehen wir wo
anders hin !

Ein paar Tausend Jahre später, als in festen Gebäuden gehaust wurde, gab es innerhalb diesem, schon ein Wasseranschluss und der nannte sich Pumpe. Vorteil, die Wäsche brauchte nicht zum Fluss, denn es gab einen Bottich und ein Holzreibebrett oder auch Waschbrett auf dem man die Kleidung hin und her schubberte.
Um sich zu säubern, weil auch zu dieser Zeit stanken wir, nahmen wir den Bottich mit dem vorhandenen Wasser.

Heute gehen wir wo anders hin !

Kurz darauf gab es auch schon die Mietwohnungen und fließend Wasser in jedem Haushalt, wer sich keine leisten konnte aber doch eine wollte, kaufte sie sich halt auf Pump, ja richtig gehört, zweihundertunddreißig bequeme Monatsraten ging damals auch schon,

Die Waschmaschine.

Da nun auch die körperlichen Mängel in der Wohnung behoben werden konnten, tat man es in jener, aber nur einmal die Woche. Samstags, wurde die Badewanne gefüllt. Waren mehrere Geschwister in der Familie und zum Pech war man das Jüngste, kamst du halt als letzter daran. Der Sauberkeit wurde damit aber nicht gerecht.

Heute gehen wir wo anders hin !

In den Siebzigern, als gewachsen und zugenommen wurde, musste das gemeinschaftliche Bad auch abgeschafft werden, nicht von den Eltern vielmehr von den Geschwistern selbst, denn es passten einfach nicht mehr alle hinein. In die Wanne. Zur Erfrischung in der heissen Jahreszeit musste also etwas anderes her, lebtest du in einer größeren Stadt war man sowieso viel draussen und mit dem Fahrrad unterwegs. Wenn es irgendwo Flüsse oder Seen gab, waren diese

meist nicht ohne
Personenkraftwagen zu
erreichen, also blieb nur
der Mittellandkanal.
Zu der Zeit war die
Wasserqualität, na ja ging
noch.

Heute gehen wir wo anders hin !

Nach mehreren Umzügen,
wohnte man nach dem Trend,
den es auch in den
Achtzigern schon gab etwas
ausserhalb der Großstadt.
Dort gab es auch Badeseen
die mit dem Rad oder Mofa
gut zu erreichen waren. In

Gruppen wurden diese meist besucht, Baggerseen hiessen sie und schöne Stunden konnte man dort verbringen.

Der körperlichen Hygiene nachkommen, spielen, essen und trinken und natürlich auch die ersten Erfahrungen in Knutschen und leichtem Fummeln sammeln.

Heute gehen wir wo anders hin !

Gegenwärtig vom Arbeitsalltag gestresst, die ganze Woche unter

Anspannung und Terminen, keine Zeit für die körperlichen Mindestanforderungen, denn sie wissen, das Wochenende rückt näher und da gibt es diese Orte.

In Scharen strömen sie dort hin, um so glaube ich, dort ihren Körperrückstand auszugleichen.

Und diese Orten nennen sich je nach Region

Hallenbad - Freizeitbad - Badeparks - Badeparadies - Erlebnisbad
und zu guter Letzt noch die Wellness Oase

Die Oase

Die Anfahrt

Der Andrang an den Wochenenden war riesig, weil auf diesen Tag mit Anspannung gewartet wurde. Überstürzt wurde das Vorhaben aber nicht, erstmal richtig ausschlafen (denn es ist ja Wochenende) und ausserdem macht es auch mehr Spass an der Kasse eine Stunde anzustehen.

Gedanken für die Vorbereitung verschwendete man auch nicht, denn in

den Paradiesen gibt es heutzutage einfach alles, was der dreckige und stinkende Mensch so braucht.
Einen Kaffee, vielleicht noch zuhause trinken reicht, denn in jedem Paradies gibt es komplette ausgestattete Restaurants, Kaffeebars, Vital-und Sportbars und wenn das Glück mit einem hold ist, läuft dort auch ein Eisverkäufer durch die Gegend.

Also das nötigste wird dann doch mitgenommen, EC-

Karte, eigene Badeschlappen (wegen der Pilze), Handtuch und vielleicht Badehose.

Nun auf den Weg gemacht, meist liegen die Wellness Oasen etwas ausserhalb der Stadt oder direkt in den Feriengebieten, eigentlich sind genügend Parkmöglichkeiten vorhanden. Es sei denn man läuft erst so gegen Mittag auf.

Dann nicht nur eine knappe Stunde anstehen, nein auch noch eine Stunde mit einkalkulieren für

Parkplatzsuche und
Wanderung.

Eintritt

Nun angekommen und in den
Kassenbereich gelangt wird
es schon etwas wärmer und
duftender. Ein Mix aus
Chlor, Schweiß in
verschiedenen
Konzentrationen und etwas
Blumig fruchtiges.

Noch vor Jahren waren
diese Eingangsbereiche
eher Schlicht gehalten,
sie bestanden aus einem
Tresen mit Registrierkasse

und dem dazugehörigen
Kassierer, einem
Kartenautomaten falls
jemand keinen persönlichen
Kontakt wünscht und
natürlich einen
Süßigkeiten/
Getränkeautomat. Hatte man
den Bezahl Vorgang
abgeschlossen ging es mit
dem ausgehändigten
Schrankschlüssel durch ein
Drehkreuz.
Ja damals gab es noch
welche, dies ist
heutzutage nicht mehr
praktikabel, denn jeder
zweite aus der Bevölkerung

würde stecken bleiben und
den Weg blockieren,
aber,
dies würde vielleicht auch
die lange Wartezeit von
früher erklären.

Drehkreuz

Wenn man heutzutage den Kassenbereich betritt, nimmt man im ersten Moment keinen Schweißgeruch mehr war, denn andere Düfte schlagen dir ins Gesicht. Als erstes natürlich wieder der übliche Chlorgeruch gefolgt vom Kaffeeduft und danach gleich verschiedene Duftöle und Aromen.

In dem zweihundert Quadratmeter großen Bereich in dem man sich nun befindet und sich eher verlassen vorkommt, findet man unzählige Vitrinen und

Verkaufsschränke, in welchen die unterschiedlichen Anwendungsbereiche ihre Waren anbieten. Verkaufsgüter, für Schwimmer und Taucher, Saunaliebhaber, Sportler und dem Massage Bereich. Auch fehlt natürlich nicht der übliche Kassenautomat. Süßigkeiten und Getränkeautomat wurde durch die erste Bar ersetzt.

Kassenbereich

Preise & Extras

Eine Übergroße Preistafel
an der Wand darf natürlich
auch nicht fehlen.
Auf den Tafeln wird
folgendes ausgewiesen.

Alles was diese Oase zu
bieten hat

- 270 verschiedene
  Anwendungen
- 85 Alterseinstufungen
- 972 verschiedene
  Preiskategorien
  inklusive Zeitangaben
- 75 Kauf-und Leihartikel

Es bleibt einem also nichts anderes übrig als den Kassentresen mit der freundlichen Bedienung und ohne Drehkreuz (was gelernt) aufzusuchen und den Einlass mit der vorhandenen EC-Karte zu vollenden.

Ohne Vorurteile sondern auf Humoristische, Mathematischer und Wirtschaftlicher Weise muss es doch überprüft werden.

Sind denn die Eintrittsentgelte wirklich fair? Eine Frage die sich mir stellt und wo man mal ein bisschen darüber nachdenken könnte.

Na sagen wir mal der Eintrittspreis beträgt Zwei Euro Achtzig für jeden Erwachsenen ab Achtzehn Jahren. Bekommt denn jeder Besucher des Badeparadieses auch den selben Anteil an Wasser. Wir führen eine Körperoberflächen Berechnung des Menschen nach Mosteller und Du Bois durch. Dazu habe ich vier zufällig ausgewählt, Körpergröße und Körpergewicht.

1. Körpergröße 170 cm, Gewicht 68 Kg, ergibt nach Mosteller und Du Bois identische Werte von einer Körperoberfläche von 1,79 m`2

2. Körpergröße 156 cm, Gewicht 90 Kg, ergibt nach Mosteller eine Oberfläche von 1,97 m`2 und nach Du Bois nur 1,89 m`2

3. Körpergröße 182 cm,
   Gewicht 135 Kg, ergibt
   nach Mosteller 2,16 m`2
   und nach Du Bois
   immerhin 2,51 m`2
4. Körpergröße 186 cm,
   Gewicht 67 Kg, ergibt
   nach Mosteller 1,86 m`2
   und nach Du Bois 1,9
   m`2

Dies sind erhebliche
Unterschiede in der Oberen
Gewichtsklassen, die für
Ihren Eintritt wesentlich
mehr Wasser zur Reinigung
in Anspruch nehmen als die
untere Klasse.

Aus wirtschaftlicher Sicht für die Bäderbetriebe zeigt sich nun folgendes auf.

Bei Zweidrittel Wasser Befüllung eines Schwimmbeckens, um auf die Normalhöhe zu kommen, Wasser bis kurz unter den Beckenrand, können bis zu ca. Einhundertundfünfzig mehr Personen aus der unteren Gewichtsklasse den Eintritt zahlen.

Weniger Wasserverbrauch, weniger Strom zum erhitzen des Wassers und deren Umwälzung und natürlich sinkt auch der Einsatz des Chlors.

Umkleidereich

Nachdem der Zahlvorgang abgeschlossen ist begibt man sich in den Umkleidebereich, Wärme und Chlorgeruch nehmen steigend zu, die Putzmamsel fährt mit ihrem Bollerwagen durch die Gänge und erledigt mit versteinerte Mine ihren Job. Wischi Waschi, den Boden und die Kabinen ohne Rücksicht auf entkleidete Gäste.

Damals schreibe ich nicht
so gerne, aber es hat sich
nun mal so entwickelt.
Waren die Umkleidekabinen
damals in XS aufgebaut und
zu dritt konnten sie
betreten werden, heute ist
dies nicht mehr möglich.
Kaum Platz zum sitzen um
die Schuhe anziehen ist
noch vorhanden, zur kalten
Jahreszeit ist das
umziehen auf dem Gang bei
der Putzdame entspannter.
Das gleiche gilt auch für
die Schränke, gebraucht
werden eigentlich pro
Person Drei Stück.

Handtuch geschnappt und ab zum Vorduschen, Höschen wieder runter und eingeseift, abgespült, doch viele sehr viele haben diese Art des reinigens noch nicht begriffen.

Liebe Besucher (die es noch nicht wissen), die Vorreinigung soll den Zweck erfüllen, das andere Schwimmbadbenutzer nicht in euren Körperdreck schwimmen, also seift nicht eure Bademode ein, sondern Popo, Pullermann und die Vulva.

Für diejenigen die sich nicht getraut haben ihren Körper zu reinigen, steht nun auch der Weg offen.

Welch ein Anblick, Idylle, Blaues Wasser, Rutschen, Wasserspiele

und man erkennt auch sofort den Unterschied zwischen

Vorduscher oder Reinigungsscheuem!

Die Nichtvorduscher sehen erheblich grauer aus, deswegen sie auch zueinanderfinden, sie rotten sich immer in einem bestimmten Bereich zusammen.

Belagerung

Das nächste was uns offenbart wird, kennt man unter dem Pseudonym Mallorca oder Pool Szenario.
Binnen kürzester Zeit sind alle vorhandenen Liegen mit irgendwelchem Zeugs belegt, zum Beispiel sind am beliebtesten natürlich die Handtücher, gefolgt von Taschen und Rucksäcken, danach gleich Kinderspielzeug und zu letzt Körperlotionen und diverse Lebensmittel.

Der Handtuchmallorcaner
ist meistens alleine und
deshalb nennen wir ihn
einfach mal
Den Pascha,

denn er braucht gleich
drei Liegen, eine für
seinen Körper und jeweils
eine für seine Beine, es
gibt keinen schöneren
Anblick auf einen Mitte
Sechziger, der die Beine
Breit macht auf drei
Liegen im Kinderbereich.
Die anderen Utensilien
sind selbsterklärend,
falls nicht komme ich
nochmal darauf zurück.

Da nun gerade am
Wochenende hauptsächlich
Familien dieses
wunderschöne Paradies

besuchen, spielt sich am Anfang der Belagerung folgendes Geschehen ab. Alle fünf Minuten erscheint eine Familie aus dem Umkleidebereich und betritt die Wasserlandschaft, aus voller Kehle der Mutter ist zuhören, Vorsicht es ist glatt auf den Fliesen, aber schon schlagen die Süßen mit ihrem Körper auf den harten Untergrund. Tut weh, ist laut! Wie gesagt, alle fünf Minuten. Tut weher, ist noch lauter!

Dieses Phänomen könnte man nur so erklären, da es sich bei allen Familien abspielt, schliesse ich auf zu frühzeitiger Entspannung oder der Geräuschkulisse.

Sagen wir mal so, selbst wenn man Hörgeschädigt ist und kurz vor Taub steht, hier wird man es, binnen weniger Augenblicke. Sobald du den Duschbereich verlässt hörst du nichts mehr, ausser

waaaaaaaaaablaaaaaaaawäää
äääää, die Schuhe sind
aber hübsch.

Das Dezibel fordert dich
heraus, da jeder Wellness
Besucher nichts mehr hört
um so lauter wird die
Aussprache jedes
einzelnen, als Beispiel
habe ich mal folgendes
herausgesucht.
Pressluthammer 100dB
Rock und Pop Konzert 110
dB
Startender Düsenjet in 100
Metern Entfernung 125 dB
und die Schmerzgrenze sind
130 dB,

und die haben wir hier
locker überschritten.

wäääääbäääää

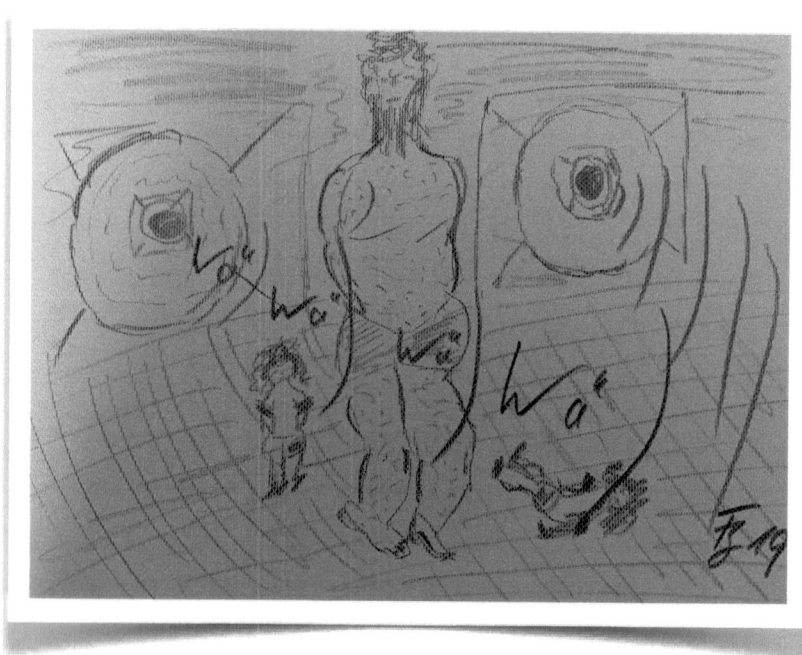

Als nächstes steht der Reinigungsvorgang an, die Liegen sind parat, sämtliche Spielutensilien ausgepackt, Schwimmhilfen aufgepumpt aber mit Schmerzen verbunden (über die trockenen Oberarme gezogen), noch schnell ein Schnittchen und ein Schluck Saft vorweg und los.

Stolzen Hauptes, Übergewichtig und von den Füßen bis hoch zum Kopf voll behaart, Kleinkind auf dem Arm, die Hose halb runter und zwei Lütte selbstlaufende Kinder nebenher, nehmen sie das Babybecken in Beschlag. Denn warmes Wasser dringt besser unter den Pelz und löst den Schmutz besser. Die Ehefrau dagegen strebt es nach noch mehr Wärme zu dem Whirlpool. Immer im Blickkontakt mit der Familie und nebenbei schon die Lage im Essbereich checken, welcher Tisch wohl am geeignetsten wäre.

Paare und Singles stolzieren völlig entspannt durch die Gegend

um ein ruhiges Plätzchen
zu ergattern.
Es stimmt mich traurig mit
anzusehen, wie sich doch
ein Großteil der Eltern
von Kindern gehen lassen.
Ungepflegt, übergewichtig,
schlecht gekleidet.

So und nun weiter

Im Massenreinigungsbecken
passen so zirka
dreihundert Personen
hinein, der
Bewegungsspielraum ist
allerdings sehr
eingeschränkt, doch je
enger sie stehen ist auch

von Vorteil, den es
entsteht so eine Art von
Peeling und die
abgestorbene Haut kommt so
richtig runter.

Einmal etwas leerer in
diesem Becken besteht die
Möglichkeit zu schwimmen,
denn das kann man dort
auch.
Meistens ist ein Teil
abgesperrt für die
Superschwimmer, aber es
wagen sich auch die
Zeitlupenschwimmer dort
hinein.

Erklärung
Zeitlupenschwimmer
Also da haben wir eine
Altersgruppe von 75 Jahren
aufwärts.
Ausgestattet mit
Schwimmhäutenhandschuhen
versuchen sie die
Armbewegung so langsam wie
möglich zu vollziehen,
weil, die Frisur darf
nicht geschädigt werden.

Mit Badekappe, Brille und
Schwimmbrett.
Durch das Schwimmbrett
wird die Geschwindigkeit
erhöht, man paddelt nur
mit den Füßen und die

Kappe und Brille dienen dem Schutz vor den Wassermassen von vorne.

Der Wassergeher, bekleidet mit einer Oberkörperweste versucht in der mindest Reinigungszeit von zwei Stunden von der einen Beckenseite zur anderen zu gelangen.

Ist jemand nicht so geübt und Fit im schwimmen, begnügt er sich mit dem übrigen Platz. Brustschwimmen lautet die Disziplin, entspannt und ausgeglichen, doch gibt es immer diesen einen Idioten der im Kraulstil rechts oder links hautnah an einem vorbei platscht ohne Rücksicht auf alles. Auch ein weit verbreitetes Übel ist der Schwimmstörer, hierbei handelt es sich eigentlich um eine Störenfried,

seit einer halben Stunde zieht man entspannt seine Bahnen, immer die selbe Bahn auf und ab. Plötzlich taucht er auf und schwimmt dir direkt entgegen, die Entspannung verflogen, wird er

ausweichen?, weil du bist
die ganze Zeit schon hier,
aber es interessiert
diesen Menschen nicht.
Vollpfosten

Fitness Bereich

In vielen Badeparadiesen
gibt es auch einen so
genannten Fitnessraum, zu
verfehlen ist er nicht.
Er befindet sich meistens
gleich hinter dem
Kassenbereich, dort wird
offensichtlich absichtlich
die Tür aufgelassen, damit
der übel stinkende
Schweißgeruch besser in
die Hallen ziehen kann.

Jeder der gern möchte kann
dort seinen Body stählen.

Betätigen kann man sich
mit folgendem
- gehen
- schneller gehen
- fast laufen
- laufen
- sitzen und drücken
- ziehen und sitzen
- liegen und drücken
und dann auch das gewagte
steppen und heben.

Ja gut, reicht!

Stählern

Fütterung

Die Reinigung ist nun vollzogen, schrumpelig und aufgeweicht ist die Haut, die kleinen brauchen nicht mehr auf das WC, Wasserspiegel im Kinderbecken angestiegen. Der Tisch, vom Whirlpool aus eigentlich schon mental reserviert, wird auch direkt angesteuert. Nun sind viele der Meinung das sie vom

Nur im Wasser sitzen

sich körperlich betätigt und Kalorien verbrannt

haben und deshalb eine
Belohnung verdienen,

Der Irrt

Aber der Geist sagt etwas
anderes. Nun, der
Gastronomieservice ist in
den Reinigungsanstalten
wesentlich verbessert
worden. Die gesunde
Ernährung hat Einzug
erhalten und liegt nun mit
der herkömmlichen Kost
gleich auf.
Trotzdem schwört man nach
so einer langen
Wassersitzung doch auf die
gewohnten 4500 Kalorien.

Warum etwas ändern, ist doch Wochenende und Entspannung.

Bevor nun der letzte Bereich unserer Reinigungsanstalt unter die Lupe genommen wird, widmen wir uns noch der Sauberkeit und Hygiene nach der Umkleide wischi waschi Mitarbeiterin.

Sauberkeit und Hygiene

Hätte ich mal gerade den Artikel im Focus nicht gelesen, es ist schlimmer

als man denkt. Wollte ich
doch gerade aus der Sicht
des Beobachters schreiben
und ein paar
schwarzhumorige Aussagen
dazu tätigen,
das mache ich natürlich!

Siebzig Prozent der
Besucher betritt die
Reinigungsanstalt ohne
Badeschlappen. Warum auch
immer?
Keine Zwei Euro über, geil
auf Fusspilz, falle gerne
hin oder habe ich noch nie
gemacht.

Welchen Beweggrund jeder einzelne auch hat, das weiß nur er selbst. Also nach der Vorreinigung und der gang zum Wasserparadies scheint noch alles in Ordnung zu sein. Doch müssen sie schon mal am Klo vorbei, die ersten Keime werden also mit hingeschleppt. Wer wischt den Boden? Zuviel und zu lange im Wasser fordert die Blase auf (ey, ich muss mal). Die Barfüßler begeben sich nun an den Ort, dort sollte man eigentlich nicht Barfuß hingehen.

Sie stehen oder sitzen nun an dem Ort wo es vor Pipi und AA nur so klebt. Dort könnte man sich nun die Hände waschen, auch dies tun nur Fünfzehn Prozent, selbst wenn sie es täten, was ist mit den Beinen und Füßen?

Also verpisst und verkackt wieder hinein ins feuchte und warme Vergnügen!!!!!

Also liebe Besucher von der anderen Seite, es gibt auch Menschen die möchten Gesund wieder nach Hause kommen, denn Chlor schafft nicht alles aus der Welt.

Nachdem das nun auch aufgezeigt wurde kommt nun mein Lieblingsbereich.

Der

Sauna Bereich

Ein Bereich zur Entspannung und Seele baumeln lassen. Aber hier

baumeln ganz andere
Sachen.

Ein Bereich für die
Gesundheit und zur
Entschlackung, manche
können Zweihundert Jahren
dort hin gehen, da
entschlackt nichts mehr.

Ein Bereich wo Achtzig
Prozent nur Rentner
anzutreffen sind.

Ein Bereich an dem das
Schamgefühl verloren
gegangen ist.

Wunderschöne Saunen, hoher Qualitätsstandard, die Erholung ist gewährleistet. Man geht ja nicht in den Sauna Bereich um nackte Menschen zu sehen, die sind ja nun mal schon anwesend, wenn man kommt um zu relaxen.
Mit aller Macht redet man sich vorher ein, lasse die Bilder, die gleich kommen werden nicht bis ins Gehirn. Im schlimmsten Fall verbrennt es dir nur die Netzhaut.

Ich weiß nicht ob es üblich ist oder eine

einmalige Sache, wird es nur in der einen Sauna praktiziert, oder überall.

Dampfbad, herrlich Heiß und Feucht, angenehm zu ertragen.
Doch was passiert nun, der Mitte Achtziger fängt plötzlich an sich zu häuten. Der ganze Körper ist seine Arbeitsfläche, mit Seife oder Schmirgelpapier (war schwer zu erkennen)rubbelt er seine tote Haut vom Körper. Seine Füße haben es ihm besonders angetan, nach

Fünfzehn Minuten hatte ich
dann genug, geschwitzt war
auch erledigt und seid dem
habe ich auch kein
Dampfbad mehr betreten.

Der Schuppenmann

Ein weiteres einprägendes Ereignis für einen Laien ist das Gruppenpeeling, mit hoher Gefahrenstufe. Der Sauna Innenbereich ist nicht besonders Groß, die Mitte dieses Platzes verschönert ein Whirlpool. In regelmäßigen Abständen wird ein Aufgussverfahren abgehalten, immer unterschiedliche Prozeduren in den verschiedenen Saunen. Also steht nun die Peeling Prozedur an, Sauna Rappel voll, die Krankenschwester kommt mit ihren Utensilien und verteilt schon mal kleine Schälchen um den Whirlpoolrand, habe erst gedacht wäre eine Erfrischung, falsch. Nun geht sie mit ihrem Zauberduft zu den gespannt wartenden.

Die Tür wird geschlossen und sie beginnt mit ihrer Arbeit, wedeln, pusten, blasen und fächern.

Nach Zwölf Minuten wird wie aus dem nichts die Tür aufgerissen und alle kommen wie von der Tarantel gestochen heraus gelaufen (Vorsichtig glatte Fliesen),

orientieren sich, dann
laufen alle um den
Whirlpool und reihen sich
hintereinander auf, nehmen
die Masse aus den
Schälchen und rubbeln sich
gegenseitig das tote vom
Körper.
Ja
Brennt bis ins Gehirn und
verankert sich. Danke

Selbstverständlich gibt es
im Sauna Bereich auch
Gastronomie. Die kein Geld
ausgeben wollen, steht
immer frisches
Leitungswasser parat. Es

wird aber auch eine kleine Karte angeboten.

Es gibt Speisen und Getränke die auf das saunieren abgestimmt sind, sodaß der Körper auch das zurück bekommt, was er ausschwitzt.

Er sollte eigentlich auch das wieder zu sich nehmen. Unter anderem sind das Grünzeug, Vitamine, Mineralien usw., deshalb wundert es mich, das die überwiegende Personengruppe Bier und Cola und Pommes und Fleisch und Nudeln und Weizen ausschwitzen.

Naja gut!

Abgang

Nachdem nun jeder Wellness Besucher sich gesäubert hat, auf welche Art und in welchem Bereich auch immer, steht nun der Heimweg an.
Entspannt und losgelöst, guter Laune und anderer Dinge wird zusammen gepackt. Ausserordentlich Interessant ist es zu beobachten, das die

Besucher nicht alles wieder mitnehmen, womit sie gekommen sind. Kaputtes und was sowieso in den Müll soll wird einfach liegen gelassen.

Das heißt Zusatzkosten für die Bäderbetriebe, unter anderem sind das Reinigung, Müllentsorgung, Personalkosten und jede Menge viel mehr **Chlor.**